Impressum
Verlag: BABADADA GmbH, Nedderfeld 112 , 22529 Hamburg
Geschäftsführer / Verlagsleitung: Harald Hof
Druck: Books on Demand GmbH, In de Tarpen 42, 22848 Norderstedt

Imprint
Publisher: BABADADA GmbH, Nedderfeld 112 , 22529 Hamburg, Germany
Managing Director / Publishing direction: Harald Hof
Print: Books on Demand GmbH, In de Tarpen 42, 22848 Norderstedt, Germany

AF175684

학교

5ch00l

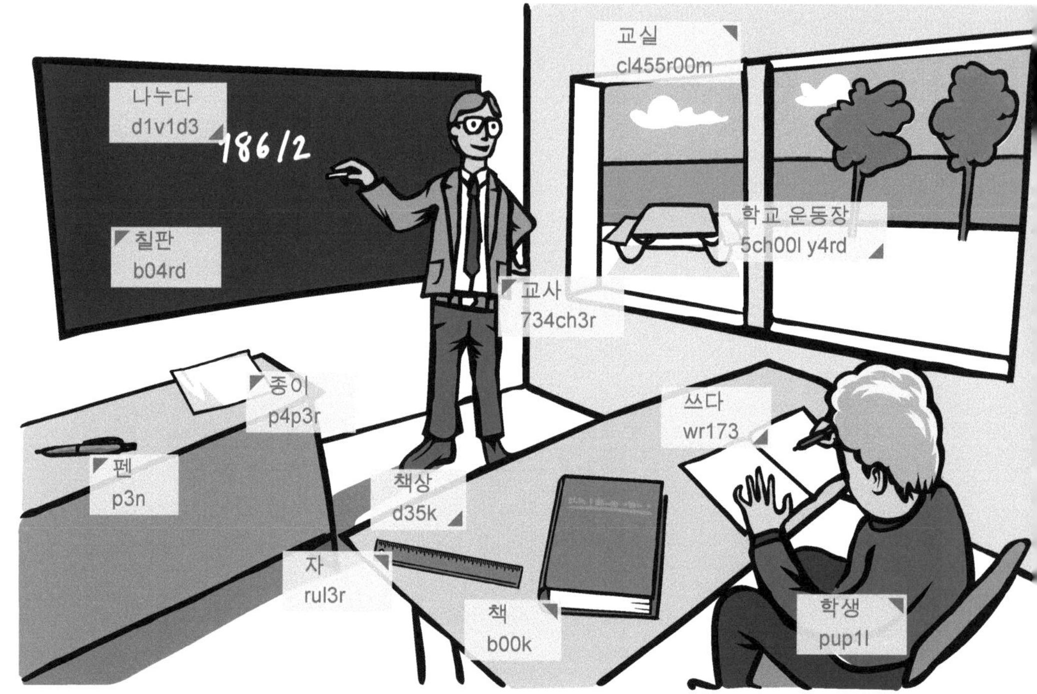

나누다
d1v1d3
186/2
칠판
b04rd
교실
cl455r00m
학교 운동장
5ch00l y4rd
교사
734ch3r
종이
p4p3r
쓰다
wr173
펜
p3n
책상
d35k
자
rul3r
책
b00k
학생
pup1l

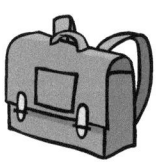

책가방

547ch3l

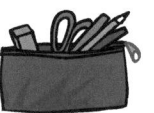

필통

p3nc1l c453

연필

p3nc1l

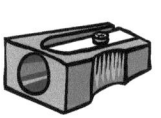

연필깎이

p3nc1l 5h4rp3n3r

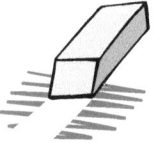

지우개

rubb3r

스케치북

dr4w1n6 p4d

그림
dr4w1n6

붓
p41n7bru5h

그림물감 통
p41n7 b0x

가위
5c1550r5

풀
6lu3

연습장
3x3rc153 b00k

숙제
h0m3w0rk

숫자
numb3r

더하다
4dd

빼다
5ub7r4c7

곱하다
mul71ply

계산하다
c4lcul473

글자
l3773r

알파벳
4lph4b37

낱말
w0rd

텍스트

73x7

읽다

r34d

분필

ch4lk

수업시간

l3550n

출석부

r361573r

시험

3x4m1n4710n

증명서

c3r71f1c473

교복

5ch00l un1f0rm

교육

3duc4710n

백과사전

3ncycl0p3d14

대학교

un1v3r517y

현미경

m1cr05c0p3

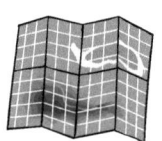

지도

m4p

휴지통

w4573-p4p3r b45k37

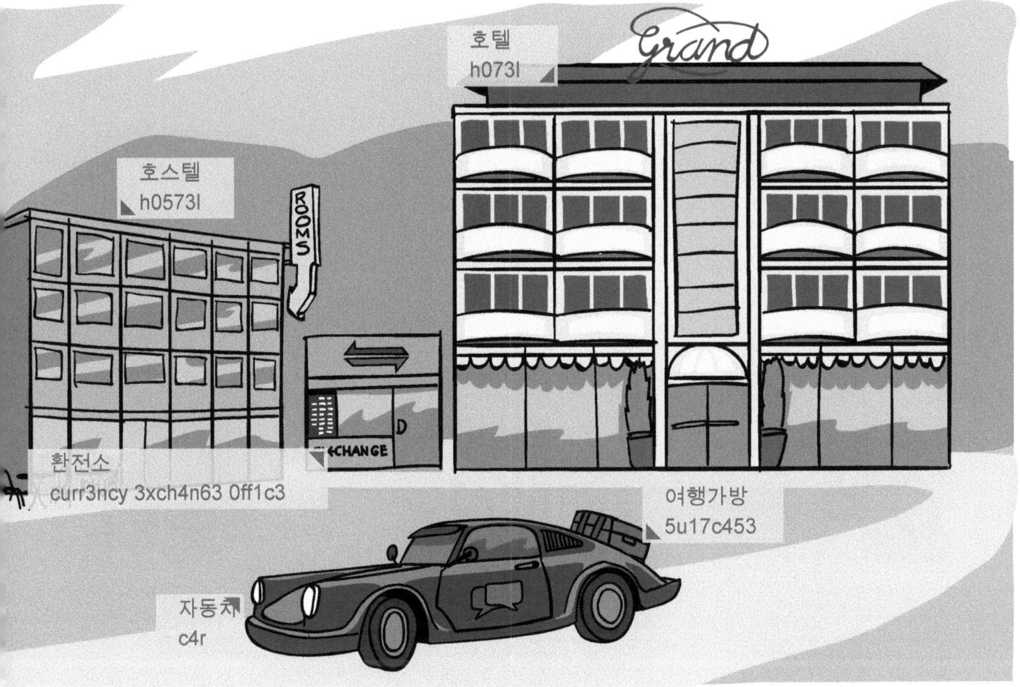

호텔
h073l
Grand
호스텔
h0573l
ROOMS
환전소
curr3ncy 3xch4n63 0ff1c3
EXCHANGE
여행가방
5u17c453
자동차
c4r

언어

l4n6u463

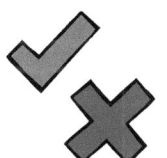

예 / 아니오

y35 / n0

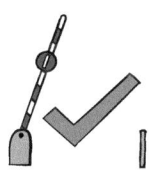

좋아

0k4y

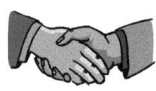

안녕

h3ll0

번역가

7r4n5l470r

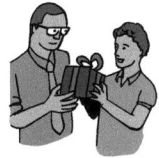

고마워, 고마워요

7h4nk y0u

... 얼마입니까?

h0w much 15

나는 이해하지 못합니다

1 d0 n07 und3r574nd

문제

pr0bl3m

안녕하세요!

600d 3v3n1n6!

안녕하세요!

600d m0rn1n6!

잘자요!

600d n16h7!

또 만나요

600dby3

방향

d1r3c710n

수하물

lu66463

가방

b46

배낭

b4ckp4ck

손님

6u357

방

r00m

침낭

5l33p1n6 b46

텐트

73n7

여행 안내

70ur157 1nf0rm4710n

해변

b34ch

신용카드

cr3d17 c4rd

아침식사

br34kf457

점심식사

lunch

저녁식사

d1nn3r

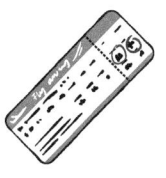

승차권

71ck37

승강기

3l3v470r

우표

574mp

경계

b0rd3r

세관

cu570m5

대사관

3mb455y

비자

v154

여권

p455p0r7

운반
7r4n5p0r7

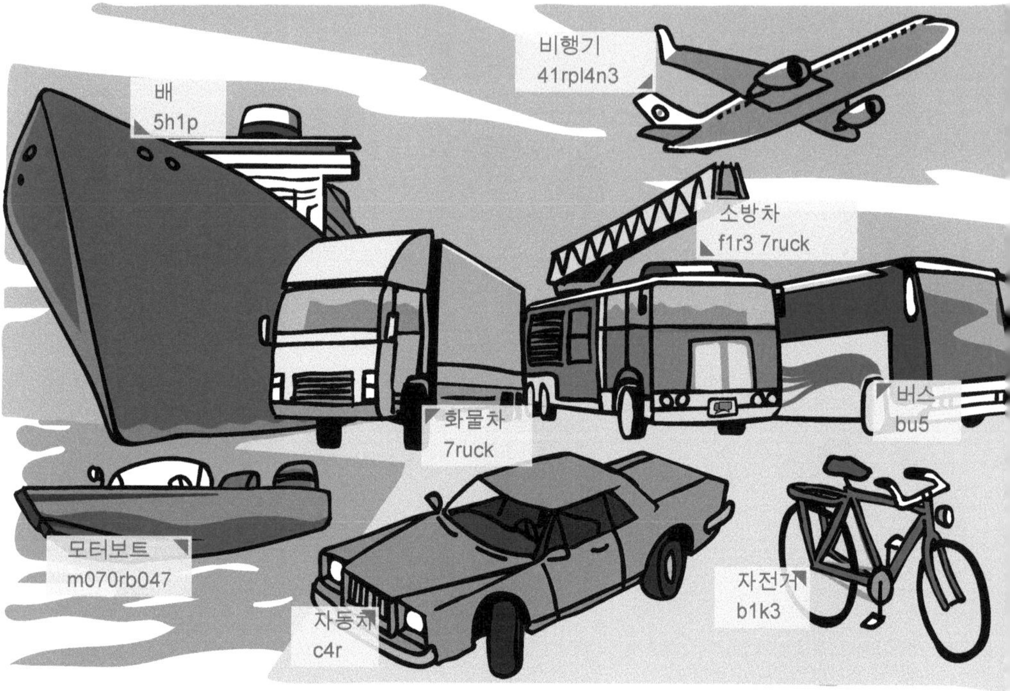

배
5h1p

비행기
41rpl4n3

소방차
f1r3 7ruck

버스
bu5

화물차
7ruck

모터보트
m070rb047

자전거
b1k3

자동차
c4r

페리

f3rry

보트

b047

오토바이

m070rb1k3

경찰차

p0l1c3 c4r

경주차

r4c1n6 c4r

렌트카

r3n74l c4r

카셰어링

c4r 5h4r1n6

견인차

70w 7ruck

쓰레기차

64rb463 7ruck

모터

3n61n3

연료

fu3l

주유소

fu3l 574710n

교통 표지

7r4ff1c 516n

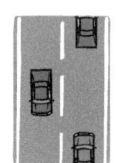

교통

7r4ff1c

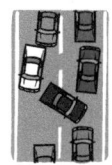

교통 정체

7r4ff1c j4m

주차장

p4rk1n6 l07

기차역

7r41n 574710n

트랙터

7r4ck5

기차

7r41n

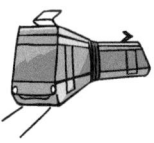

전차

7r4m

객차

w460n

운반 - 7r4n5p0r7

헬리콥터

h3l1c0p73r

공항

41rp0r7

타워

70w3r

승객

p4553n63r

컨테이너

c0n741n3r

상자

c4r70n

카트

c4r7

바구니

b45k37

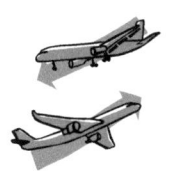

출발하다 / 도착하다

74k3 0ff / l4nd

도시
c17y

마을

v1ll463

도심

c17y c3n73r

집

h0u53

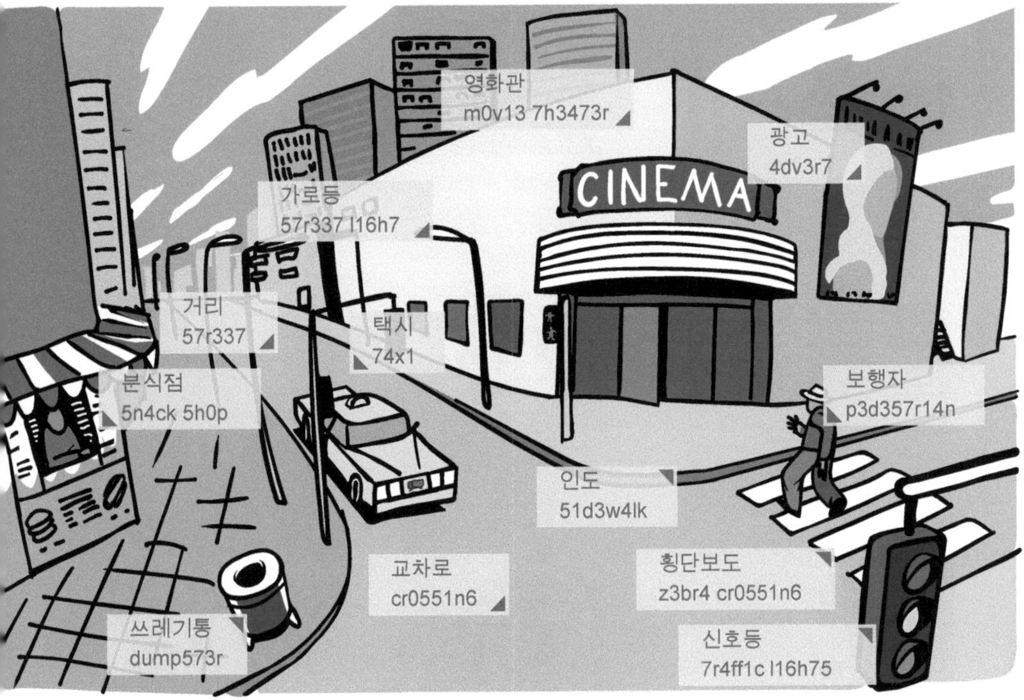

영화관
m0v13 7h3473r
CINEMA
광고
4dv3r7
가로등
57r337 l16h7
거리
57r337
택시
74x1
분식점
5n4ck 5h0p
보행자
p3d357r14n
인도
51d3w4lk
교차로
cr0551n6
횡단보도
z3br4 cr0551n6
쓰레기통
dump573r
신호등
7r4ff1c l16h75

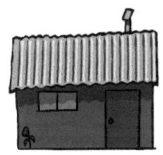

오두막

hu7

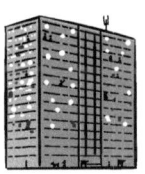

주택

4p4r7m3n7

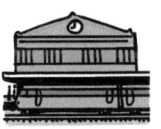

기차역

7r41n 574710n

시청

c17y h4ll

MUSEUM

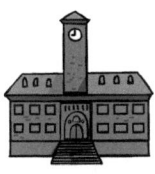

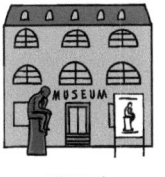

박물관

mu53um

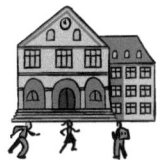

학교

5ch00l

대학교

un1v3r517y

은행

b4nk

병원

h05p174l

호텔

h073l

약국

ph4rm4cy

사무실

0ff1c3

서점

b00k 5h0p

상점

5h0p

꽃가게

fl0w3r 5h0p

수퍼마켓

5up3rm4rk37

시장

m4rk37

백화점

d3p4r7m3n7 570r3

생선가게

f15hm0n63r'5 5h0p

쇼핑 센터

m4ll

항구

h4rb0r

공원
p4rk

벤치
b3nch

다리
br1d63

계단
5741r5

지하철
5ubw4y

터널
7unn3l

버스 정류장
bu5 570p

바
b4r

레스토랑
r3574ur4n7

우체통
p057b0x

도로 표지판
57r337 516n

주차료 징수기
p4rk1n6 m373r

동물원
z00

수영장
5w1mm1n6 p00l

모스크 사원
m05qu3

도시 - c17y

13

농장

f4rm

환경오염

p0llu710n

공동묘지

c3m373ry

교회

church

놀이터

pl4y6r0und

절

73mpl3

풍경

l4nd5c4p3

잎
l34f

이정표
516np057

길
p47h

초원
m34d0w

돌
570n3

나무
7r33

도보여행자
h1k3r

강
r1v3r

잔디
6r455

꽃
fl0w3r

계곡

v4ll3y

산

h1ll

호수

l4k3

숲

f0r357

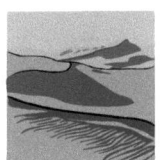

사막

d353r7

화산

v0lc4n0

성

c457l3

무지개

r41nb0w

버섯

mu5hr00m

야자나무

p4lm 7r33

모기

m05qu170

파리

fly

개미

4n7

벌

b33

거미

5p1d3r

딱정벌레

b337l3

개구리

fr06

다람쥐

5qu1rr3l

고슴도치

h3d63h06

토끼

h4r3

부엉이

0wl

새

b1rd

백조

5w4n

맷돼지

b04r

사슴

d33r

순록

m0053

댐

d4m

풍력 터빈

w1nd 7urb1n3

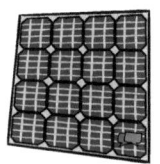

태양광 전지판

50l4r p4n3l

기후

cl1m473

레스토랑

r3574ur4n7

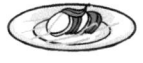

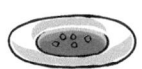

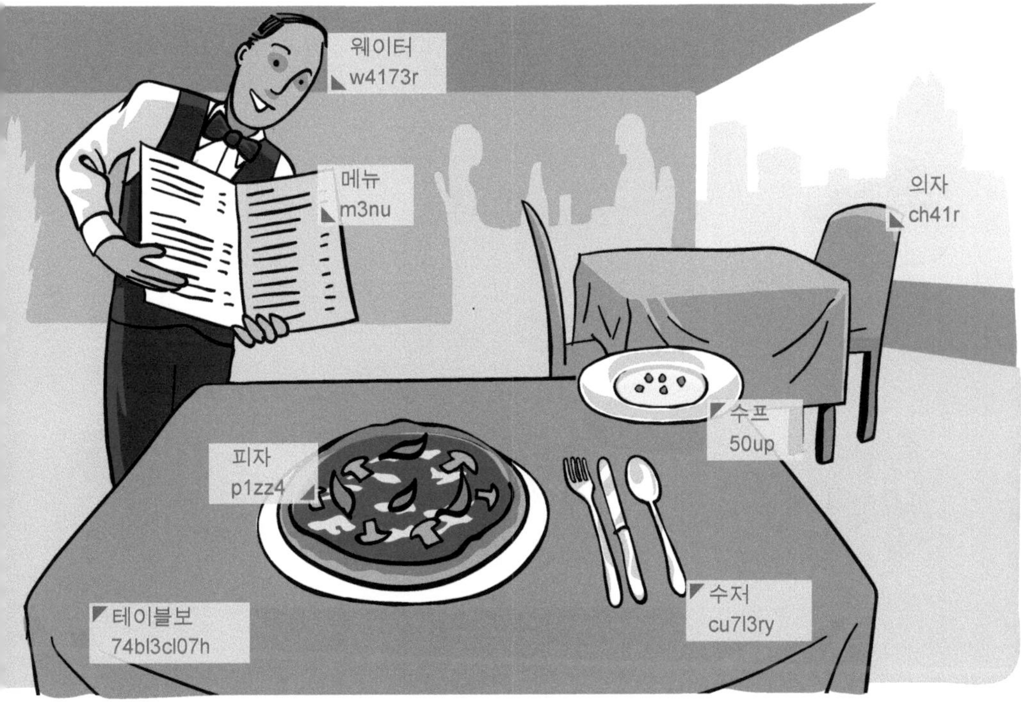
웨이터
w4173r
메뉴
m3nu
의자
ch41r
수프
50up
피자
p1zz4
수저
cu7l3ry
테이블보
74bl3cl07h

전채요리

574r73r

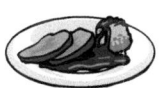

주요리

m41n c0ur53

후식

d3553r7

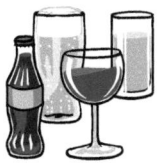

음료수

dr1nk5

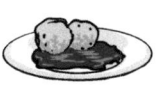

음식

f00d

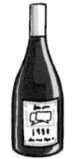

병

b077l3

인스턴트 식품

f457 f00d

길거리음식

57r337 f00d

찻주전자

734p07

설탕통

5u64r b0wl

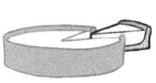

인분

p0r710n

에스프레소 머신

35pr3550 m4ch1n3

높은 의자

h16h ch41r

계산서

b1ll

쟁반

7r4y

칼

kn1f3

포크

f0rk

숟가락

5p00n

찻숟가락

7345p00n

냅킨

53rv13773

유리잔

6l455

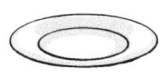

접시

pl473

수프 그릇

50up pl473

컵 받침

54uc3r

소스

54uc3

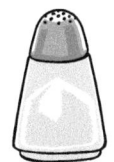

소금통

54l7 5h4k3r

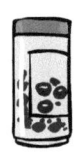

후추통

p3pp3r m1ll

식초

v1n364r

기름

01l

양념

5p1c35

케첩

k37chup

겨자

mu574rd

마요네즈

m4y0nn4153

수퍼마켓

5up3rm4rk37

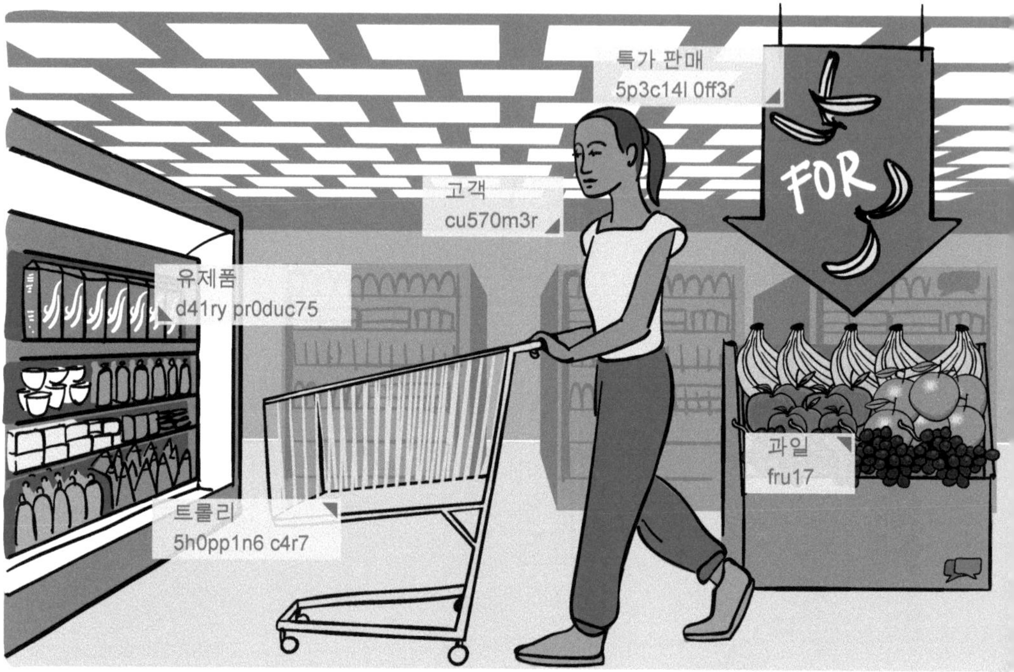

특가 판매
5p3c14l 0ff3r
FOR
고객
cu570m3r
유제품
d41ry pr0duc75
과일
fru17
트롤리
5h0pp1n6 c4r7

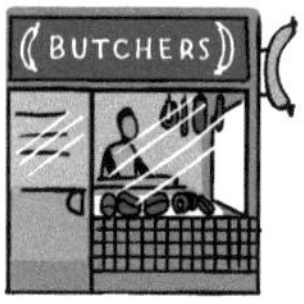

BUTCHERS

정육점
bu7ch3r'5 5h0p

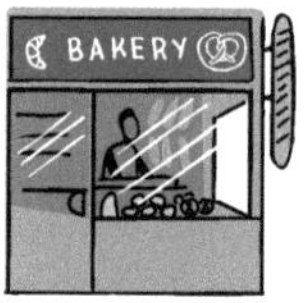

BAKERY

빵집
b4k3ry

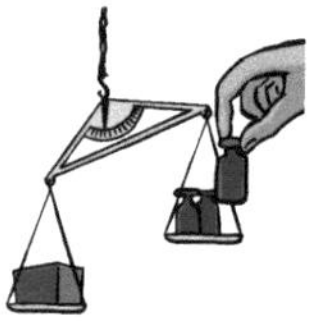
무게가 나가다
w316h

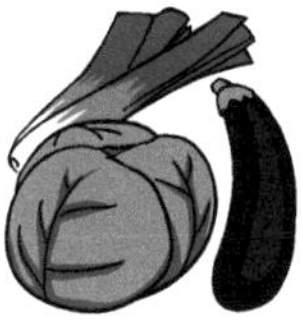
채소
v36374bl35

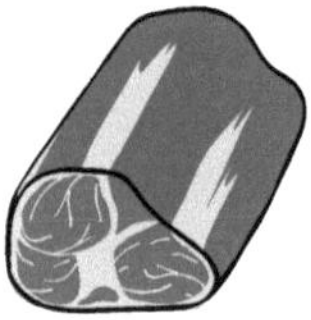
고기
m347

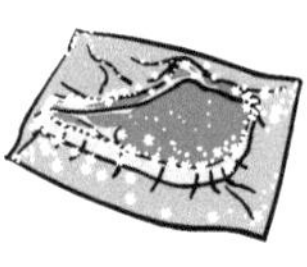
냉동식품
fr0z3n f00d

냉육

c0ld cu75

통조림

c4nn3d f00d

가루 세제

d373r63n7

달콤한 간식

c4ndy

가정용품

h0u53h0ld pr0duc75

세척제

cl34n1n6 pr0duc75

판매원

54l35 r3pr353n7471v3

계산대

c45h r361573r

계산원

c45h13r

구매목록

5h0pp1n6 l157

문 여는 시간

0p3n1n6 h0ur5

지갑

w4ll37

신용카드

cr3d17 c4rd

가방

b46

비닐 봉투

pl4571c b46

물
....
w473r

주스
....
ju1c3

우유
....
m1lk

콜라
....
c0k3

와인
....
w1n3

맥주
....
b33r

술
....
4lc0h0l

카카오
....
c0c04

차고
....
734

커피
....
c0ff33

에스프레소
....
35pr3550

카푸치노
....
c4ppucc1n0

바나나

b4n4n4

사과

4ppl3

오렌지

0r4n63

수박

m3l0n

레몬

l3m0n

당근

c4rr07

마늘

64rl1c

대나무

b4mb00

양파

0n10n

버섯

mu5hr00m

견과류

nu75

국수

n00dl35

스파게티

5p46h3771

쌀

r1c3

샐러드

54l4d

감자칩

fr135

감자튀김

fr13d p0747035

피자

p1zz4

햄버거

h4mbur63r

샌드위치

54ndw1ch

커틀렛

35c4l0p3

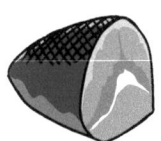

햄

h4m

살라미

54l4m1

소시지

54u5463

닭

ch1ck3n

구이

r0457

생선

f15h

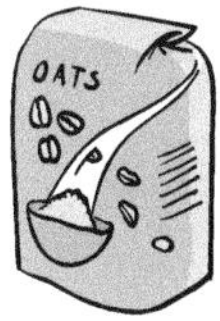

오트밀

p0rr1d63 0475

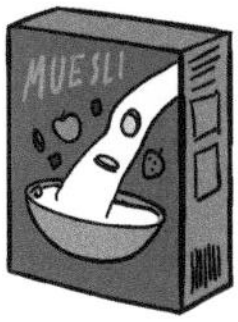

뮤슬리

mu35l1

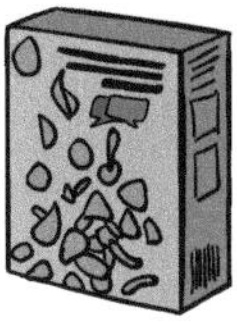

콘플레이크

c0rnfl4k35

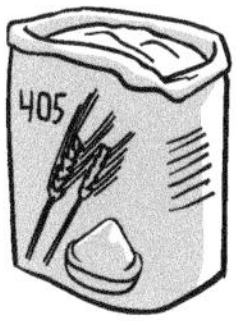

밀가루

fl0ur

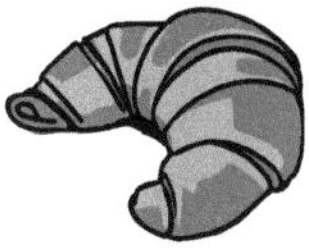

크루아상

cr01554n7

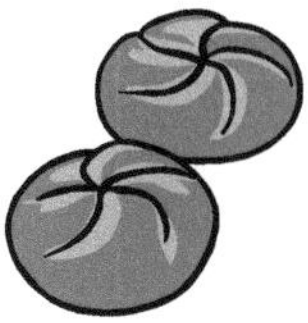

롤빵

br34d r0ll

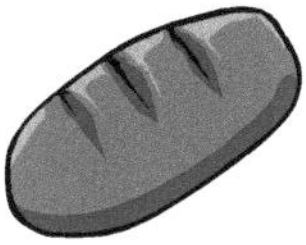

빵

br34d

토스트

70457

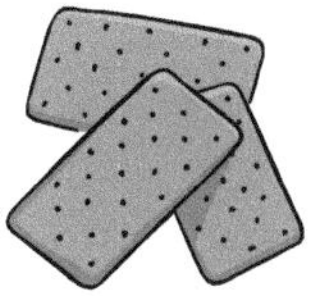

비스킷

c00k135

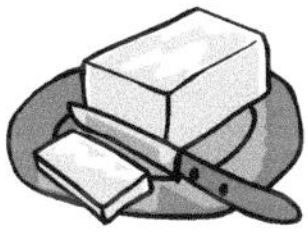

버터

bu773r

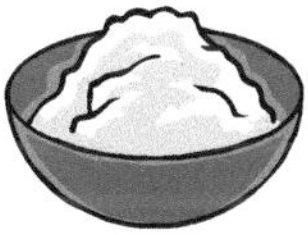

응유

curd

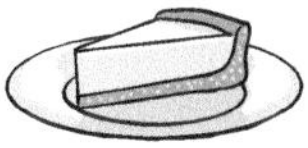

케이크

c4k3

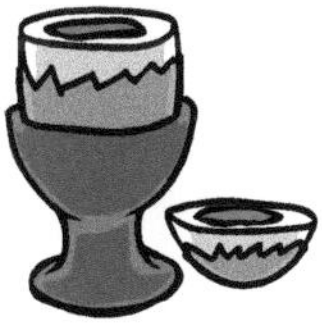

달걀

366

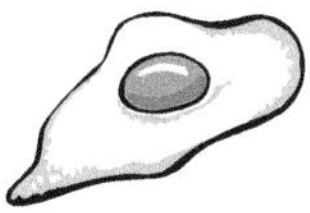

계란 후라이

fr13d 366

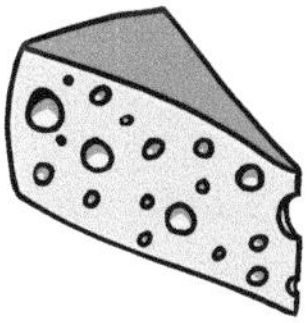

치즈

ch3353

아이스크림

1c3 cr34m

설탕

5u64r

꿀

h0n3y

잼

j3lly

누가 크림

n0u647 cr34m

카레

curry

농장

f4rm

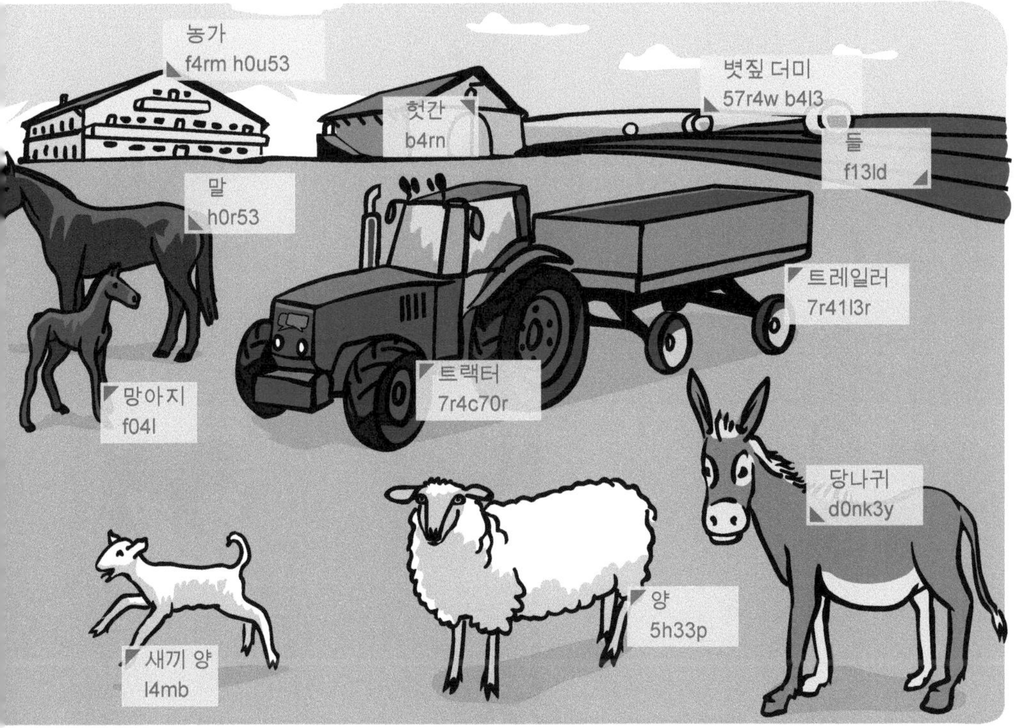
농가
f4rm h0u53
헛간
b4rn
볏짚 더미
57r4w b4l3
들
f13ld
말
h0r53
트레일러
7r41l3r
망아지
f04l
트랙터
7r4c70r
당나귀
d0nk3y
양
5h33p
새끼 양
l4mb

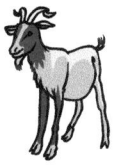

염소

6047

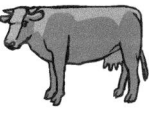

암소

c0w

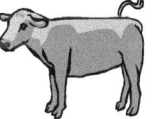

송아지

c4lf

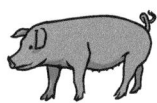

돼지

p16

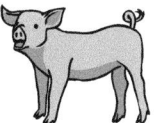

새끼 돼지

p16l37

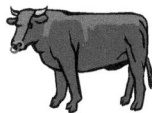

황소

bull

거위

60053

오리

duck

병아리

ch1ck

암탉

h3n

수탉

c0ck3r3l

쥐

r47

고양이

c47

생쥐

m0u53

황소

0x

개

d06

개집

d06 h0u53

정원용 호스

64rd3n h053

물뿌리개

w473r1n6 c4n

큰 낫

5cy7h3

쟁기

pl0u6h

낫
51ckl3

괭이
h03

쇠스랑
p17chf0rk

도끼
4x3

외바퀴 손수레
pu5hc4r7

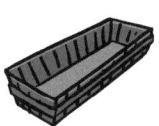

여물통
7r0u6h

우유 캔
m1lk c4n

부대
54ck

울타리
f3nc3

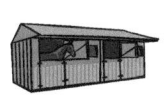

축사
574bl3

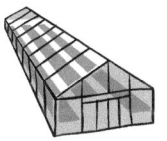

비닐하우스
6r33nh0u53

땅
501l

씨앗
533d

거름
f3r71l1z3r

콤바인
c0mb1n3 h4rv3573r

수확하다

h4rv357

수확

h4rv357

참마

y4m5

밀

wh347

콩

50y4

감자

p07470

옥수수

c0rn

유채씨

r4p3533d

과일나무

fru17 7r33

카사바

m4n10c

곡식

6r41n

집

h0u53

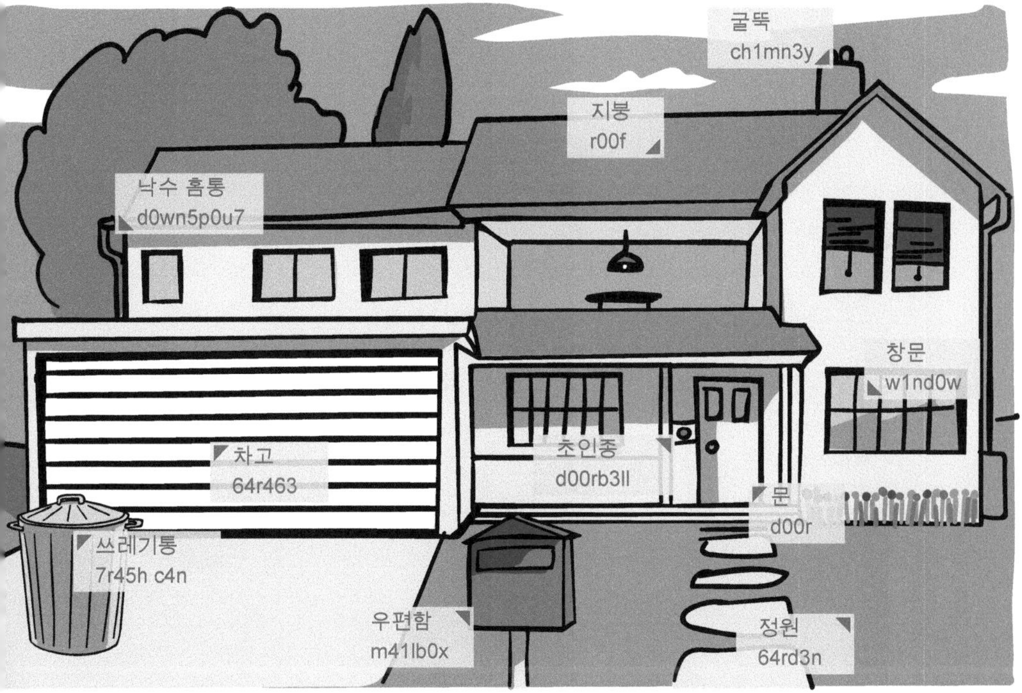

굴뚝
ch1mn3y
지붕
r00f
낙수 홈통
d0wn5p0u7
창문
w1nd0w
차고
64r463
초인종
d00rb3ll
문
d00r
쓰레기통
7r45h c4n
우편함
m41lb0x
정원
64rd3n

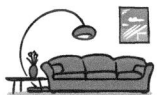

응접실

l1v1n6 r00m

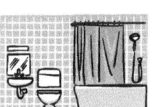

욕실

b47hr00m

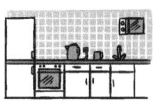

부엌

k17ch3n

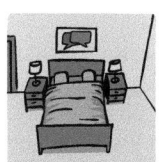

침실

b3dr00m

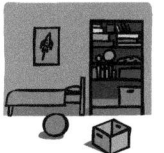

아이들 방

ch1ld'5 r00m

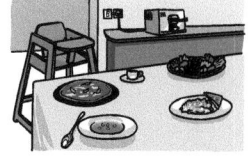

식사실

d1n1n6 r00m

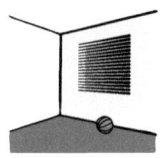

바닥

floor

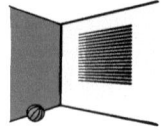

벽

w4ll

천장

c31l1n6

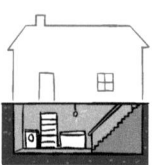

지하실

c3ll4r

사우나

54un4

발코니

b4lc0ny

테라스

73rr4c3

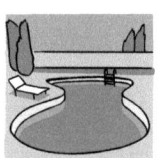

수영장

p00l

잔디 깎는 기계

l4wn m0w3r

침대 시트

5h337

이불

b3d5pr34d

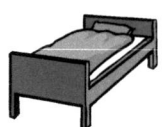

침대

b3d

빗자루

br00m

양동이

buck37

스위치

5w17ch

응접실
l1v1n6 r00m

벽지
w4llp4p3r
그림
p1c7ur3
전등
l4mp
선반
5h3lf
캐비닛
c4b1n37
텔레비전
73l3v1510n
벽난로
f1r3pl4c3
꽃
fl0w3r
쿠션
cu5h10n
소파
50f4
꽃병
v453
리모컨
r3m073 c0n7r0l

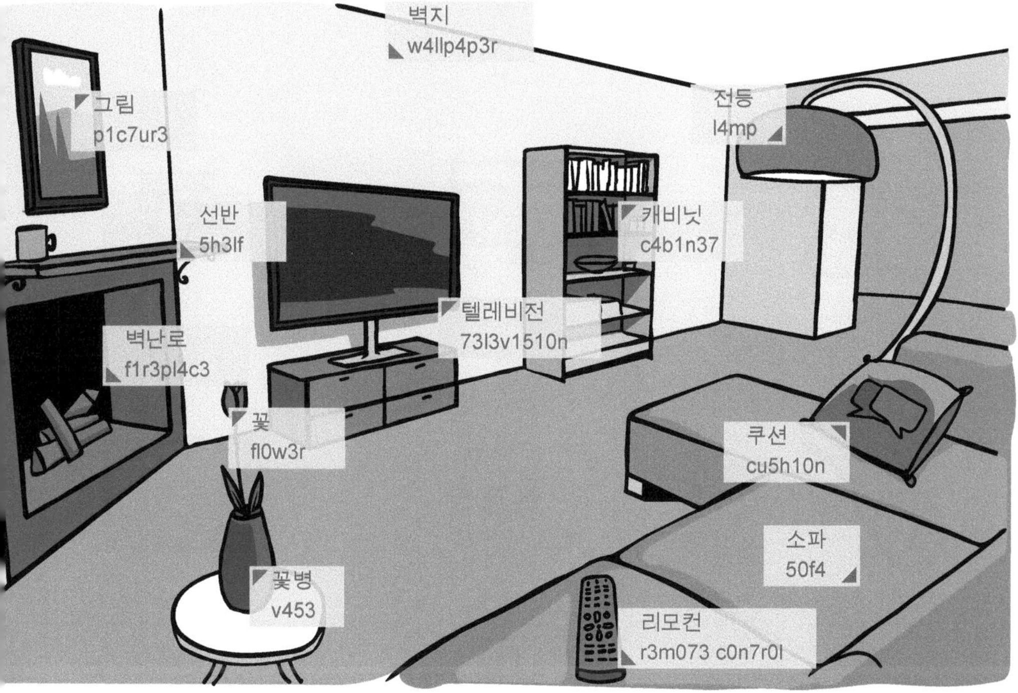

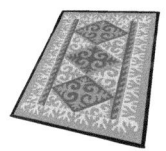

카페트
c4rp37

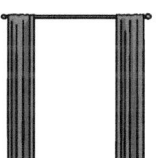

커튼
dr4p3

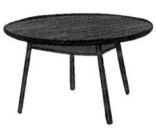

탁자
74bl3

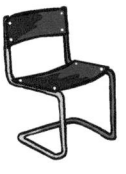

의자
ch41r

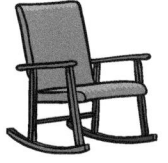

흔들의자
r0ck1n6 ch41r

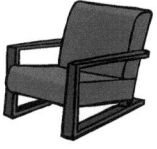

안락의자
4rmch41r

책
b00k

담요
bl4nk37

장식
d3c0r4710n

뗄감나무
f1r3w00d

영화
f1lm

하이파이 기기
573r30 5y573m

열쇠
k3y

신문
n3w5p4p3r

회화
p41n71n6

포스터
p0573r

라디오
r4d10

노트
n073b00k

진공청소기
v4cuum cl34n3r

선인장
c4c7u5

초
c4ndl3

부엌

k17ch3n

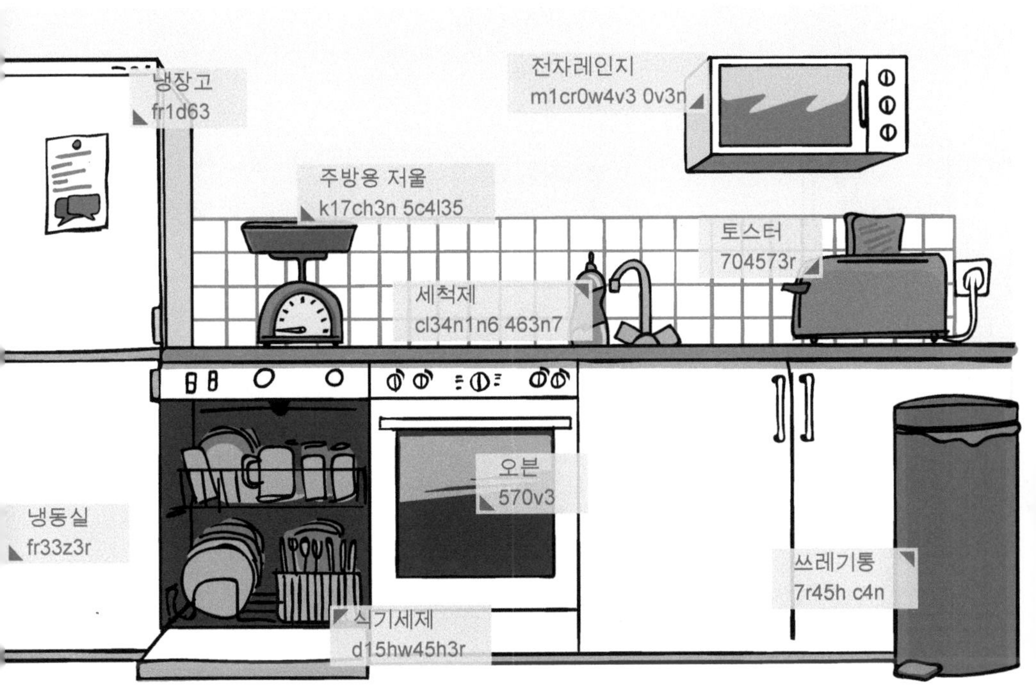

냉장고
fr1d63
전자레인지
m1cr0w4v3 0v3n
주방용 저울
k17ch3n 5c4l35
토스터
704573r
세척제
cl34n1n6 463n7
오븐
570v3
냉동실
fr33z3r
쓰레기통
7r45h c4n
식기세제
d15hw45h3r

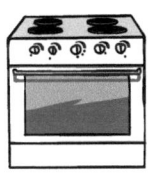

쿠커

c00k3r

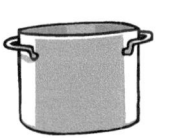

냄비

p07

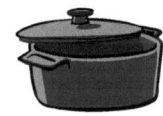

주철 냄비

c457-1r0n p07

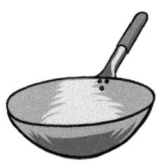

웍 / 카다이 냄비

w0k / k4d41

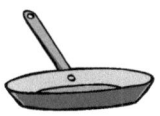

프라이팬

p4n

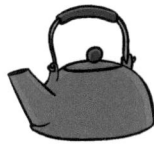

주전자

k377l3

찜기

5734m3r

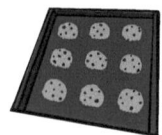

오븐 구이용 쟁반

b4k1n6 7r4y

그릇

cr0ck3ry

머그

mu6

양푼이

b0wl

젓가락

ch0p571ck5

국자

l4dl3

주걱

5p47ul4

거품기

wh15k

여과기

57r41n3r

체

513v3

강판

6r473r

절구

m0r74r

바베큐

b4rb3cu3

화덕

f1r3pl4c3

도마

chOpp1n6 b04rd

밀방망이

rOll1n6 p1n

코르크 병따개

cOrk5cr3w

캔

c4n

캔 따개

c4n Op3n3r

냄비 받침

Ov3n cl07h

개수대

51nk

솔

bru5h

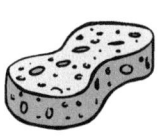

수세미

5pOn63

블렌더

bl3nd3r

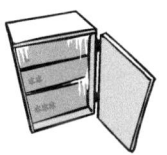

냉동고

d33p fr33z3r

젖병

b4by b077l3

수도꼭지

74p

욕실

b47hr00m

히터
h3471n6
수건
70w3l
샤워
5h0w3r
샤워 커튼
5h0w3r cur741n
거품 비누
bubbl3 b47h
욕조
b47h7ub
유리잔
6l455
세탁기
w45h1n6 m4ch1n3
수도꼭
지
74p
타일
71l35
변기
p077y
개수대
51nk

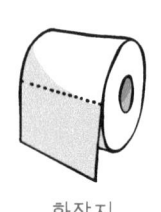

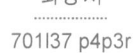

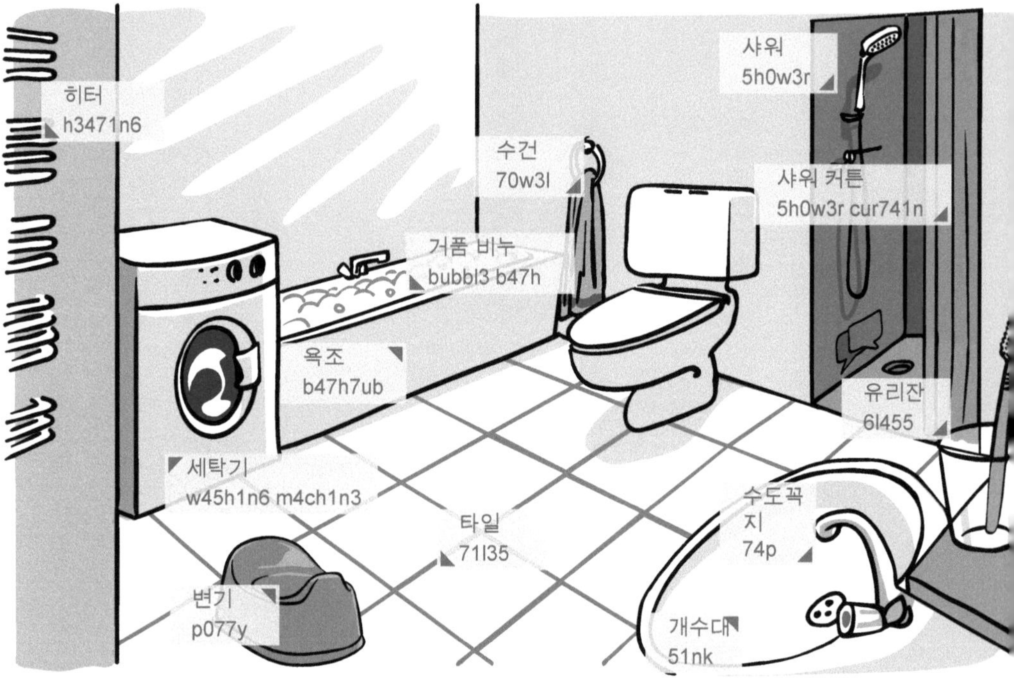

화장실

701l37

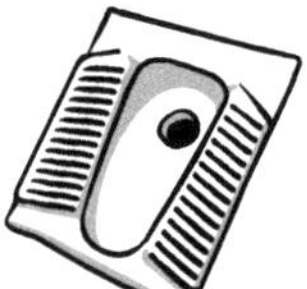

재래식 화장실

5qu47 701l37

비데

b1d37

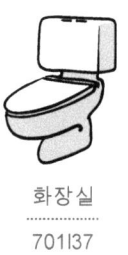

공중 변소

ur1n4l

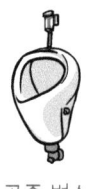

화장지

701l37 p4p3r

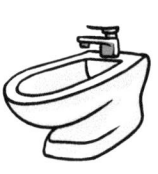

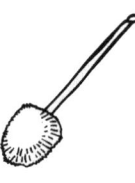

변기솔

701l37 bru5h

치솔

7007hbru5h

치약

7007hp4573

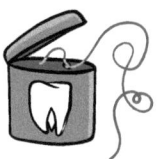

치실

d3n74l fl055

씻다

w45h

샤워기

h4nd 5h0w3r

질 세척제

d0uch3

대야

b451n

등밀이솔

b4ck bru5h

비누

504p

샤워 젤

5h0w3r 63l

샴푸

5h4mp00

물걸레

fl4nn3l

배수관

dr41n

크림

cr3m3

체취 제거제

d30d0r4n7

거울

m1rr0r

휴대용 거울

h4nd m1rr0r

면도기

r4z0r

면도 거품

5h4v1n6 f04m

에프터쉐이브

4f73r5h4v3

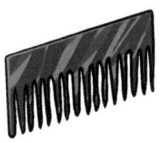

빗

c0mb

솔

bru5h

헤어드라이기

h41r-dry3r

헤어스프레이

h41r5pr4y

메이크업

m4k3up

립스틱

l1p571ck

손톱깎이

n41l v4rn15h

면 솜

c0770n w00l

손톱

n41l 5c1550r5

향수

p3rfum3

세면도구 주머니

w45hb46

스툴

5700l

저울

w316h1n6 5c4l35

목욕 가운

b47hr0b3

고무 장갑

rubb3r 6l0v35

탐폰

74mp0n

생리대

54n174ry 70w3l

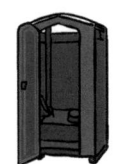

화학 화장실

ch3m1c4l 701l37

아이들 방

ch1ld'5 r00m

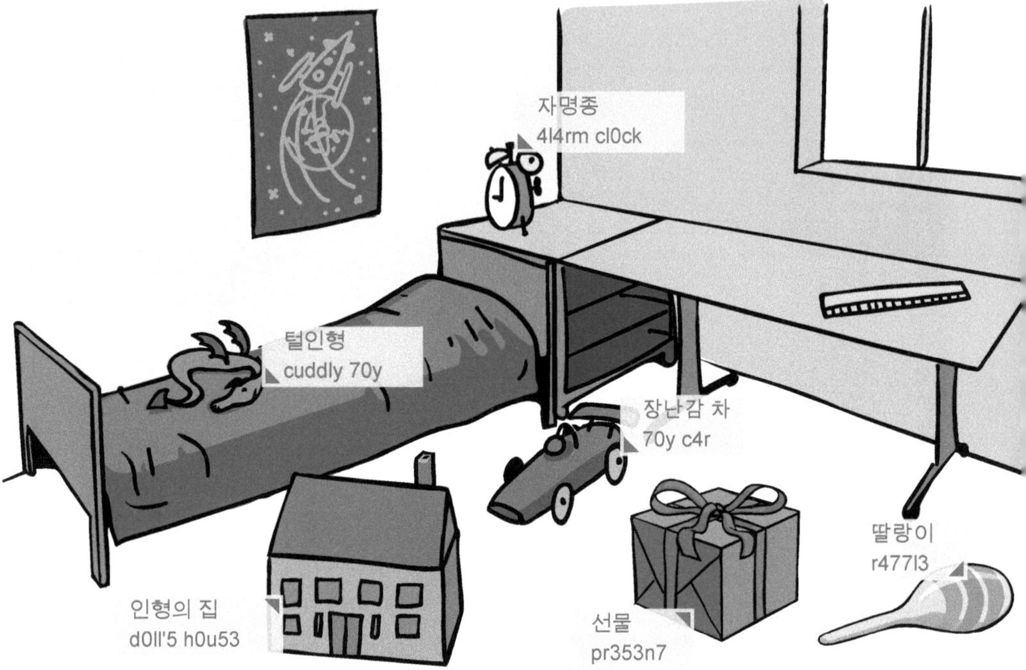
자명종
4l4rm cl0ck
털인형
cuddly 70y
장난감 차
70y c4r
딸랑이
r477l3
인형의 집
d0ll'5 h0u53
선물
pr353n7

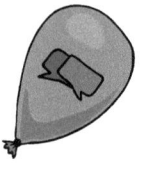

풍선

b4ll00n

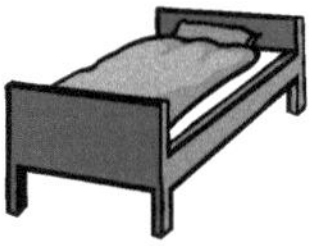

침대

b3d

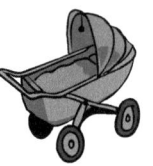

유모차

57r0ll3r

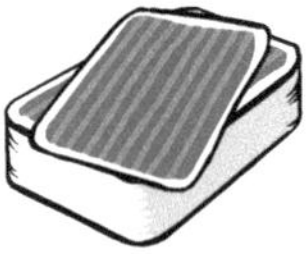

카드 게임

d3ck 0f c4rd5

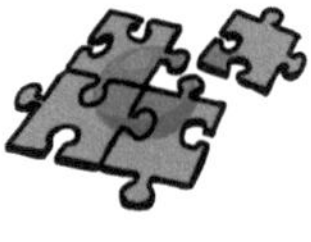

퍼즐

j1654w

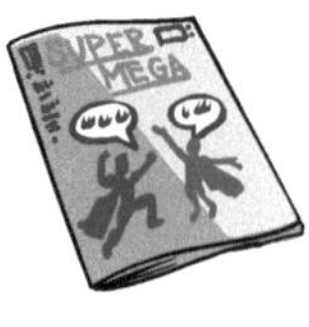
SUPER
MEGA

만화

c0m1c

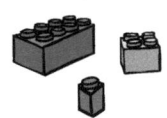

레고

l360 br1ck5

장난감 블럭

70y bl0ck5

액션 캐릭터

4c710n f16ur3

베이비 그로

r0mp3r 5u17

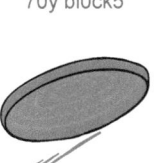

프리스비

fr15b33

모빌

m0b1l3

보드 게임

b04rd 64m3

주사위

d1c3

기차 모형 세트

m0d3l 7r41n 537

노리개 젖꼭지

dummy

파티

p4r7y

그림책

p1c7ur3 b00k

공

b4ll

인형

d0ll

놀다

pl4y

모래상자

54ndp17

그네

5w1n6

장난감

70y

비디오 게임 콘솔

v1d30 64m3 c0n50l3

세바퀴자전거

7r1cycl3

곰인형

73ddy b34r

옷장

w4rdr0b3

의복

cl07h1n6

양말

50ck5

스타킹

570ck1n65

스타킹

716h75

스카프
5c4rf

허리띠
b3l7

우산
umbr3ll4

티셔츠
7-5h1r7

운동화
5n34k3r5

부츠
b0075

슬리퍼
5l1pp3r5

샌들
54nd4l5

신발
5h035

고무 장화
rubb3r b0075

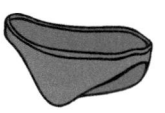

팬티
br13f5

브래지어
br4

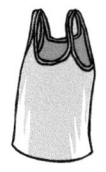

러닝 셔츠
und3r5h1r7

바디

b0dy

바지

p4n75

청바지

j34n5

치마

5k1r7

블라우스

bl0u53

셔츠

5h1r7

풀오버

pull0v3r

후드티

5w3473r

블레이저

bl4z3r

자켓

j4ck37

외투

c047

비옷

r41nc047

의상

c057um3

원피스

dr355

웨딩 드레스

w3dd1n6 dr355

양복

5u17

나이트가운

n16h760wn

잠옷

p4j4m45

사리

54r1

두건

h34d5c4rf

터번

7urb4n

부르카

burk4

카프탄

k4f74n

아바야

4b4y4

수영복

5w1m5u17

수영바지

7runk5

반바지

5h0r75

트레이닝복

7r4ck5u17

앞치마

4pr0n

장갑

6l0v35

단추

bu770n

안경

6l45535

팔찌

br4c3l37

목걸이

n3ckl4c3

반지

r1n6

귀걸이

34rr1n6

캡 모자

c4p

옷걸이

c047 h4n63r

모자

h47

넥타이

713

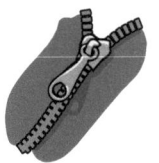

지퍼

z1p

헬멧

h3lm37

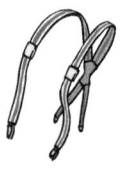

멜빵

br4c35

교복

5ch00l un1f0rm

유니폼

un1f0rm

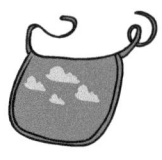

턱받이

b1b

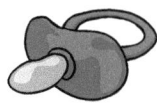

노리개 젖꼭지

dummy

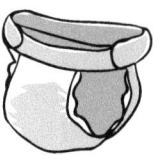

기저귀

d14p3r

사무실

0ff1c3

서버
53rv3r
서류 캐비닛
f1l1n6 c4b1n37
인쇄기
pr1n73r
종이
p4p3r
모니터
m0n170r
마우스
m0u53
책상
d35k
폴더
f0ld3r
자판기
k3yb04rd
휴지통
w4573-p4p3r b45k37
컴퓨터
c0mpu73r
의자
ch41r

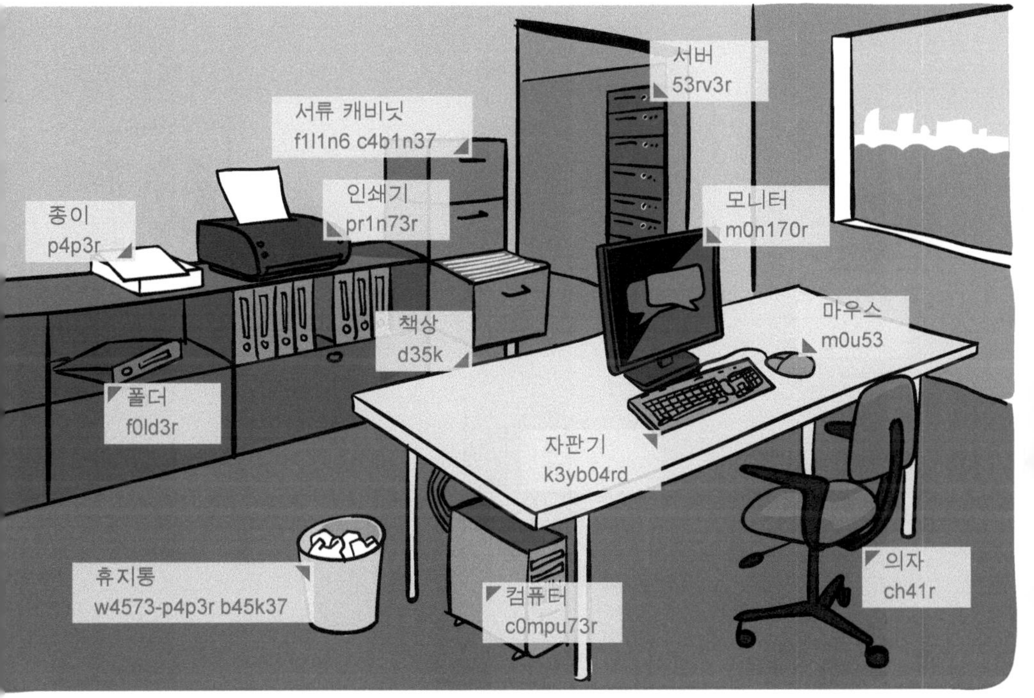

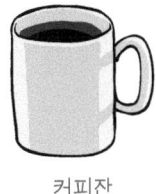

커피잔

c0ff33 mu6

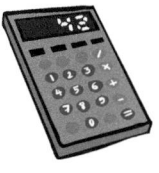

계산기

c4lcul470r

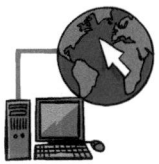

인터넷

1n73rn37

노트북

l4p70p

편지

l3773r

메시지

m355463

휴대전화

c3ll ph0n3

네트워크

n37w0rk

복사기

ph070c0p13r

소프트웨어

50f7w4r3

전화

73l3ph0n3

플러그 소켓

plu6 50ck37

팩시밀리

f4x m4ch1n3

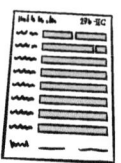

서식

f0rm

서류

d0cum3n7

사다
....
buy

지불하다
....
p4y

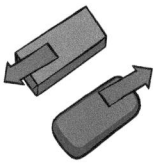

거래하다
....
7r4d3

돈
....
m0n3y

달러
....
d0ll4r

유로
....
3ur0

엔
....
y3n

루벨
....
r0ubl3

스위스 프랑
....
5w155 fr4nc

위안
....
r3nm1nb1 yu4n

루피
....
rup33

현금인출기
....
c45h p01n7

환전소

curr3ncy 3xch4n63 0ff1c3

금

60ld

은

51lv3r

석유

01l

에너지

3n3r6y

가격

pr1c3

계약

c0n7r4c7

세금

74x

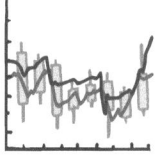

주식

570ck

일하다

w0rk

근로자

3mpl0y33

고용주

3mpl0y3r

공장

f4c70ry

상점

5h0p

직업
0ccup4710n5

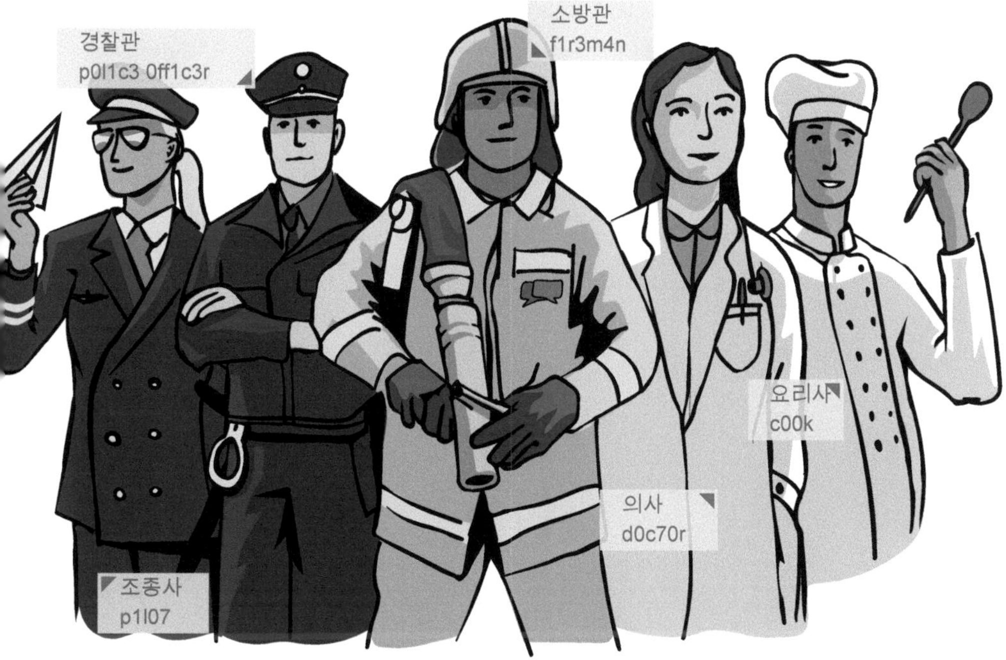
경찰관
p0l1c3 0ff1c3r
소방관
f1r3m4n
요리사
c00k
의사
d0c70r
조종사
p1l07

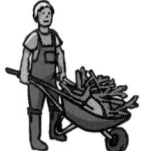

정원사
64rd3n3r

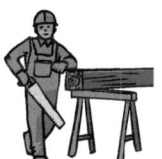

목수
c4rp3n73r

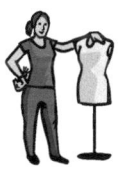

수선공
534m57r355

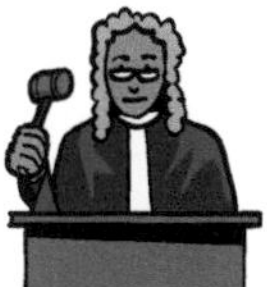

판사
jud63

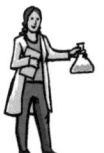

화학자
ch3m157

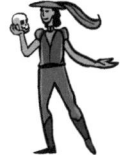

배우
4c70r

버스운전사

bu5 dr1v3r

택시 운전사

74x1 dr1v3r

어부

f15h3rm4n

청소부

cl34n1n6 l4dy

지붕 수리자

r00f3r

웨이터

w4173r

사냥꾼

hun73r

화가

p41n73r

제빵사

b4k3r

전기업자

3l3c7r1c14n

건축업자

bu1ld3r

엔지니어

3n61n33r

정육점업자

bu7ch3r

배관업자

plumb3r

우편물 배달부

p057m4n

직업 - 0ccup4710n5

군인

50ld13r

건축가

4rch173c7

계산원

c45h13r

플로리스트

fl0r157

미용사

h41rdr3553r

검표원

c0nduc70r

정비사

m3ch4n1c

선장

c4p741n

치과의사

d3n7157

학자

5c13n7157

유대교 라비

r4bb1

이맘

1m4m

수도승

m0nk

사제

p4570r

연장

700l5

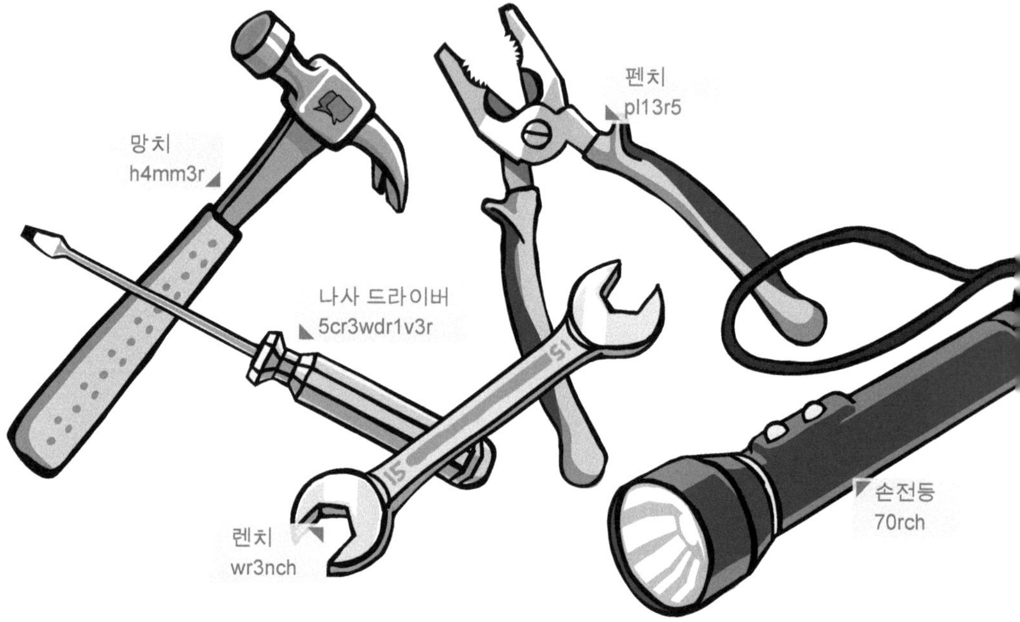

망치
h4mm3r
펜치
pl13r5
나사 드라이버
5cr3wdr1v3r
렌치
wr3nch
손전등
70rch

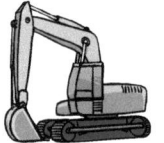

굴삭기

3xc4v470r

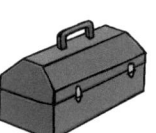

연장통

700lb0x

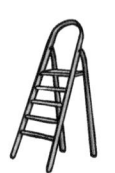

사다리

l4dd3r

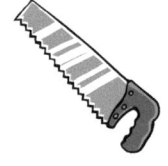

톱

54w

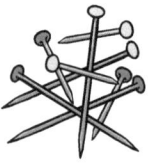

못

n41l5

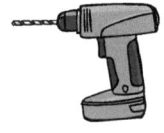

드릴

dr1ll

수리하다
r3p41r

삽
5h0v3l

젠장!
d4mn!

쓰레받기
du57p4n

페인트통
p41n7 c4n

나사
5cr3w5

악기
mu51c4l 1n57rum3n75

드럼
drum 537

스피커
l0ud 5p34k3r

기타
6u174r

콘트라베이스
d0ubl3 b455

트럼펫
7rump37

피아노

p14n0

바이올린

v10l1n

베이스

b455

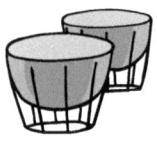

팀파니

71mp4n1

북

drum5

키보드

k3yb04rd

색소폰

54x0ph0n3

플루트

flu73

마이크

m1cr0ph0n3

동물원

z00

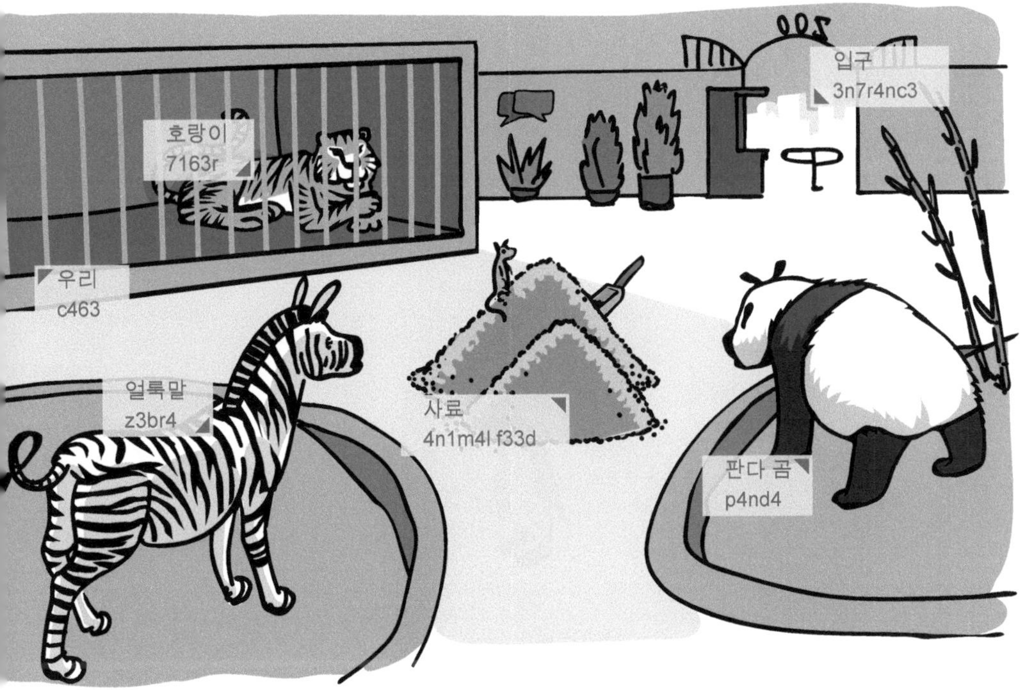

z00
입구
3n7r4nc3
호랑이
7163r
우리
c463
얼룩말
z3br4
사료
4n1m4l f33d
판다 곰
p4nd4

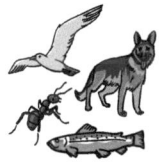

동물

4n1m4l5

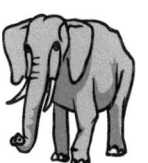

코끼리

3l3ph4n7

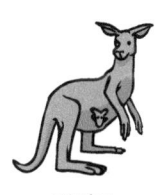

캥거루

k4n64r00

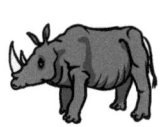

코뿔소

rh1n0

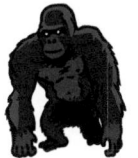

고릴라

60r1ll4

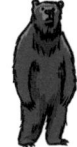

곰

b34r

낙타

c4m3l

타조

057r1ch

사자

l10n

원숭이

m0nk3y

홍학

fl4m1n60

앵무새

p4rr07

북극곰

p0l4r b34r

펭귄

p3n6u1n

상어

5h4rk

공작

p34c0ck

뱀

5n4k3

악어

cr0c0d1l3

동물원 사육사

z00k33p3r

물개

534l

재규어

j46u4r

조랑말

p0ny

표범

l30p4rd

하마

h1pp0

기린

61r4ff3

독수리

346l3

맷돼지

b04r

생선

f15h

거북이

7ur7l3

바다코끼리

w4lru5

여우

f0x

영양

64z3ll3

미식축구
4m3r1c4n f007b4ll

자전거
경기
cycl1n6

테니스
73nn15

농구
b45k37b4ll

수영
5w1mm1n6

권투
b0x1n6

아이스하키
1c3 h0ck3y

축구
50cc3r

배드민턴
b4dm1n70n

육상 경기
47hl371c5

핸드볼
h4ndb4ll

스키
5k11n6

폴로
p0l0

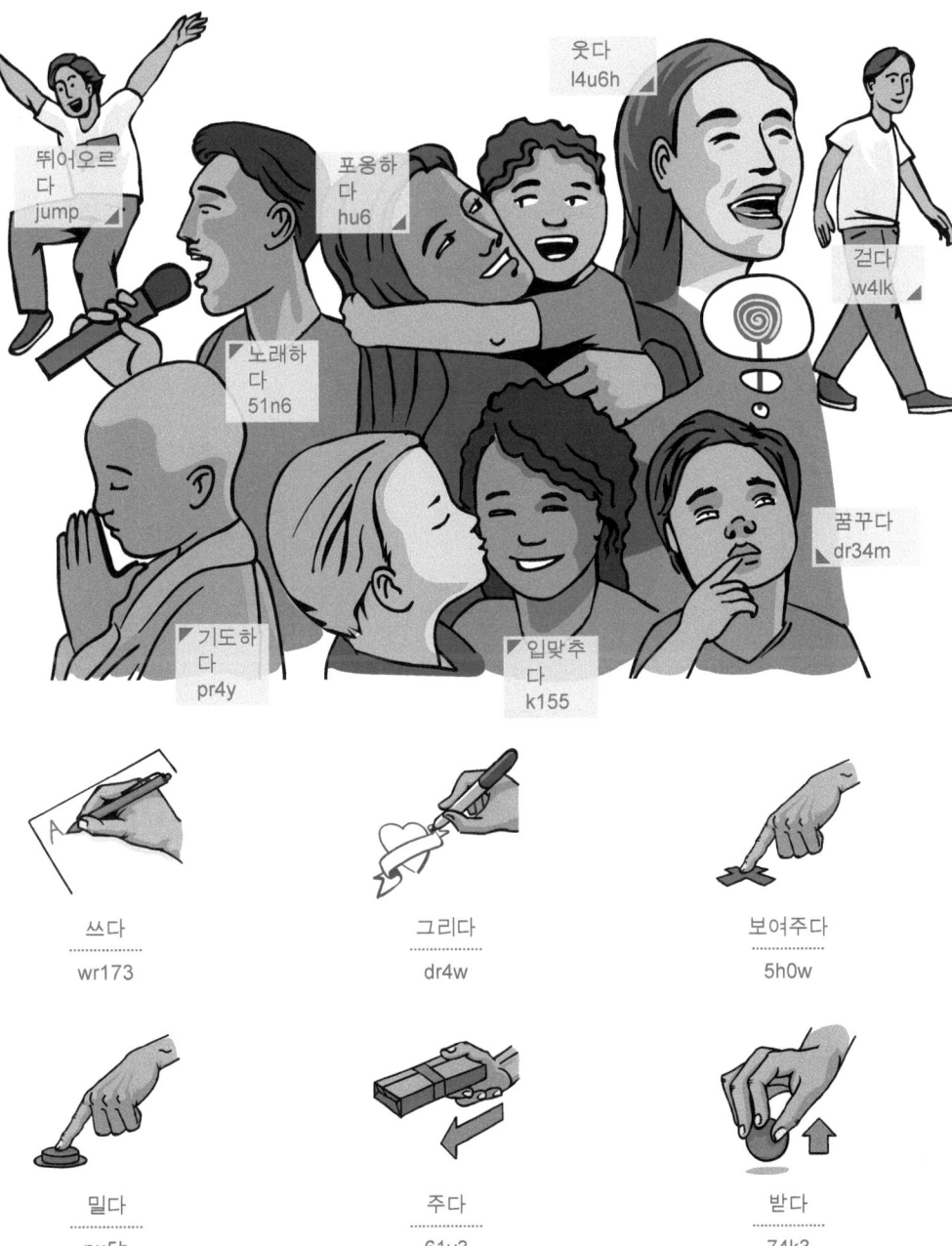

옷다
l4u6h

뛰어오르다
jump

포옹하다
hu6

노래하다
51n6

걷다
w4lk

기도하다
pr4y

입맞추다
k155

꿈꾸다
dr34m

쓰다
wr173

그리다
dr4w

보여주다
5h0w

밀다
pu5h

주다
61v3

받다
74k3

가지다

h4v3

행하다

d0

...이다

b3

서있다

574nd

뛰다

run

당기다

pull

던지다

7hr0w

떨어지다

f4ll

누워있다

l13

기다리다

w417

운반하다

c4rry

앉다

517

옷을 입다

637 dr3553d

자다

5l33p

깨다

w4k3 up

보다

l00k 47

울다

cry

쓰다듬다

57r0k3

빗다

c0mb

말하다

74lk

이해하다

und3r574nd

묻다

45k

듣다

l1573n

마시다

dr1nk

먹다

347

정리하다

71dy up

사랑하다

l0v3

요리하다

c00k

주행하다

dr1v3

날다

fly

해항하다

5411

계산하다

c4lcul473

읽다

r34d

배우다

l34rn

일하다

w0rk

결혼하다

m4rry

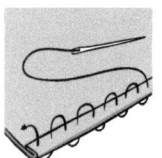

바느질하다

53w

이를 닦다

bru5h 7337h

죽이다

k1ll

담배 피우다

5m0k3

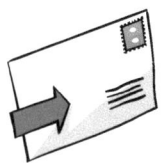

보내다

53nd

가족

f4m1ly

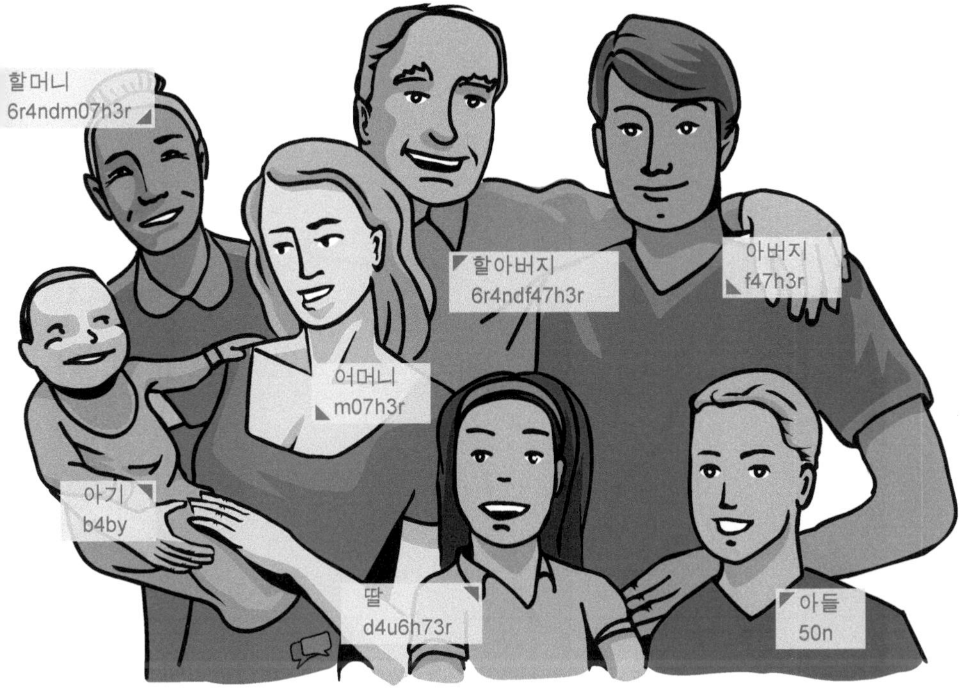
할머니
6r4ndm07h3r
할아버지
6r4ndf47h3r
아버지
f47h3r
어머니
m07h3r
아기
b4by
딸
d4u6h73r
아들
50n

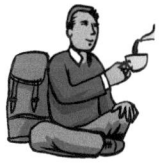

손님

6u357

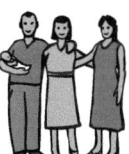

이모 / 고모

4un7

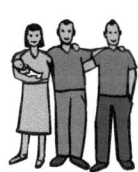

삼촌

uncl3

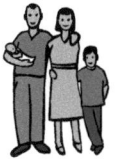

형제

br07h3r

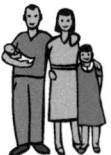

자매

51573r

몸통
b0dy

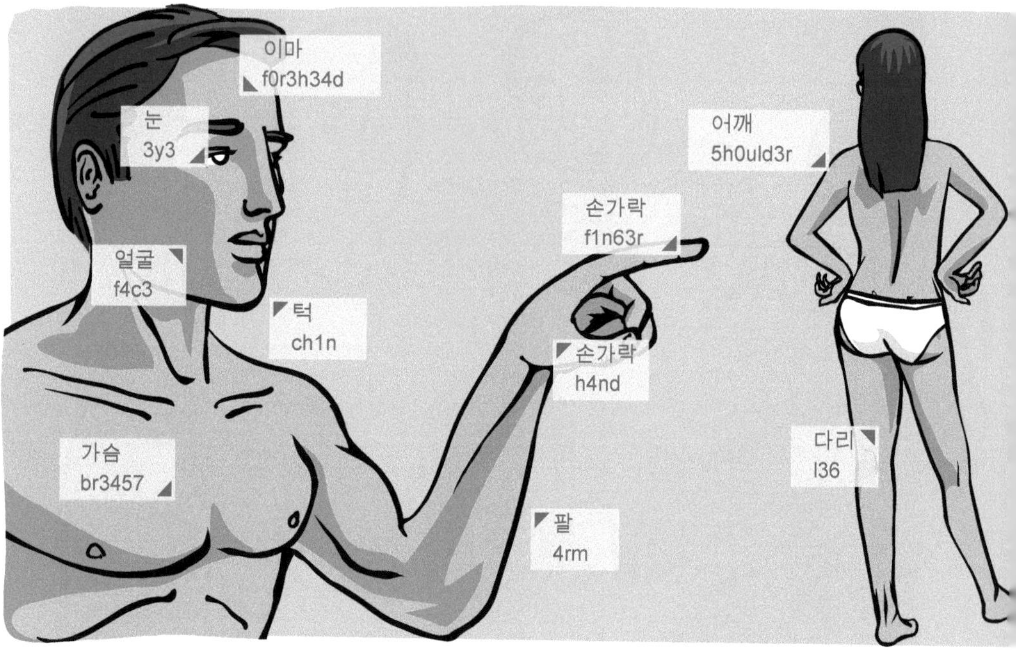

이마
f0r3h34d

눈
3y3

어깨
5h0uld3r

손가락
f1n63r

얼굴
f4c3

턱
ch1n

손가락
h4nd

가슴
br3457

다리
l36

팔
4rm

아기

b4by

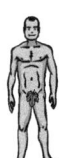

남자

m4n

여자

w0m4n

소녀

61rl

소년

b0y

머리카락

h34d

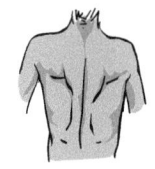

등

b4ck

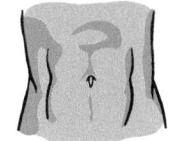

배

b3lly

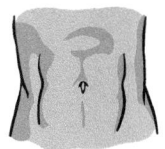

배꼽

n4v3l

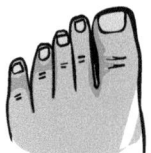

발가락

703

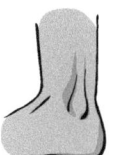

발꿈치

h33l

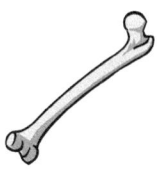

뼈

b0n3

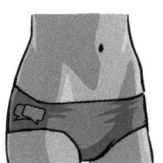

엉덩이

h1p

무릎

kn33

팔꿈치

3lb0w

코

n053

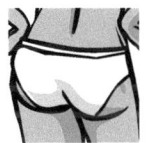

둔부

bu770ck5

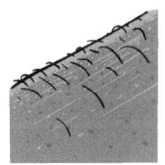

피부

5k1n

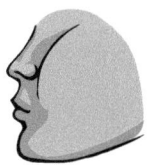

뺨

ch33k

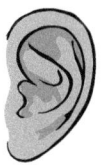

귀

34r

입술

l1p

입
....
m0u7h

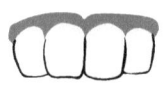

치아
....
7007h

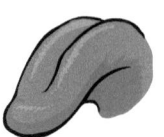

혀
....
70n6u3

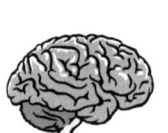

뇌
....
br41n

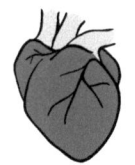

심장
....
h34r7

근육
....
mu5cl3

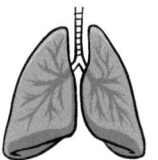

허파
....
lun6

간
....
l1v3r

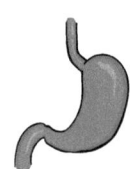

위
....
570m4ch

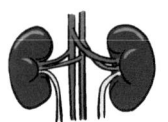

신장
....
k1dn3y5

성교
....
53x

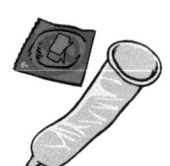

콘돔
....
c0nd0m

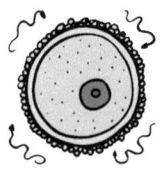

난자
....
0vum

정자
....
53m3n

임신
....
pr36n4ncy

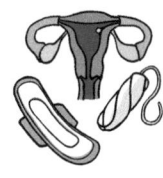

월경

m3n57ru4710n

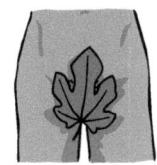

질

v461n4

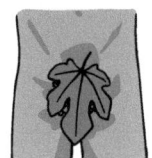

음경

p3n15

눈썹

3y3br0w

머리카락

h41r

목

n3ck

병원
h05p174l

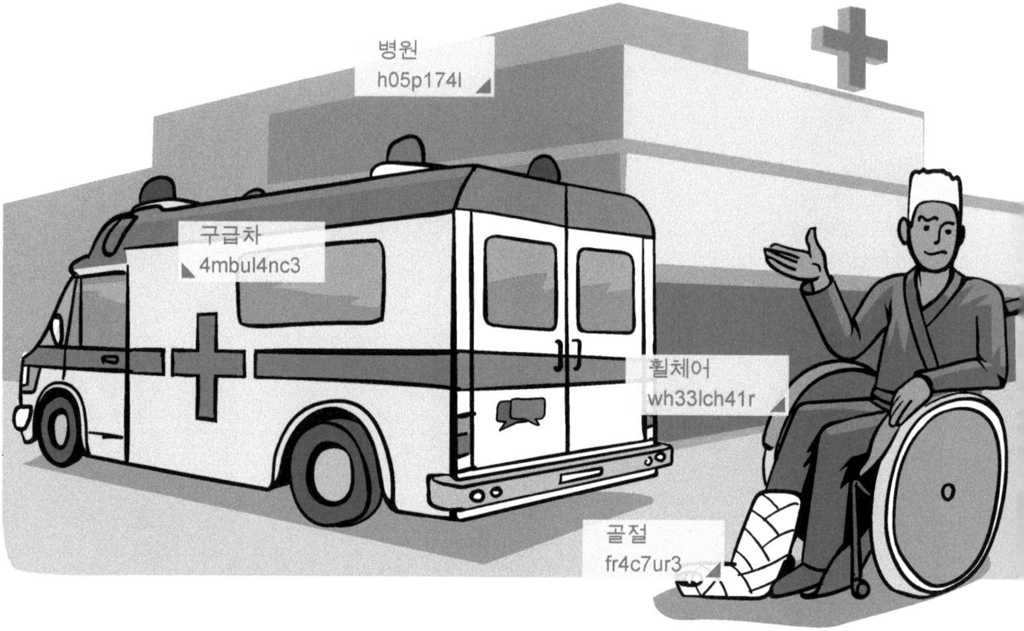

병원
h05p174l
구급차
4mbul4nc3
휠체어
wh33lch41r
골절
fr4c7ur3

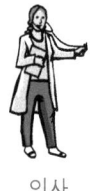

의사

d0c70r

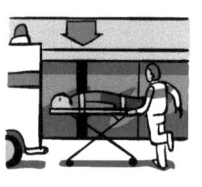

응급실

3m3r63ncy r00m

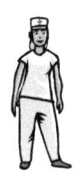

간호사

nur53

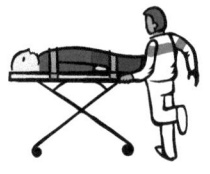

응급상황

3m3r63ncy

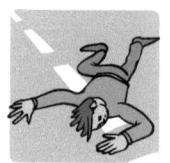

혼수상태

unc0n5c10u5

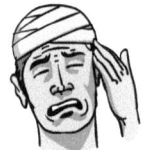

통증

p41n

부상

1njury

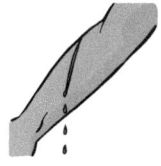

출혈

bl33d1n6

심장마비

h34r7 4774ck

뇌졸중

57r0k3

알러지

4ll3r6y

기침

c0u6h

열

f3v3r

독감

flu

설사

d14rrh34

두통

h34d4ch3

암

c4nc3r

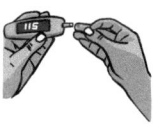

당뇨병

d14b3735

외과의

5ur630n

수술용 메스

5c4lp3l

수술

0p3r4710n

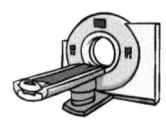

CT

c7

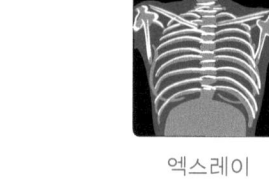

엑스레이

x-r4y

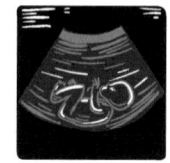

초음파

ul7r450und

마스크

f4c3 m45k

질병

d153453

대기실

w4171n6 r00m

목발

cru7ch

반창고

pl4573r

붕대

b4nd463

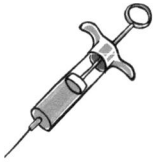

주사

1nj3c710n

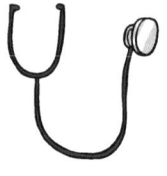

청진기

5737h05c0p3

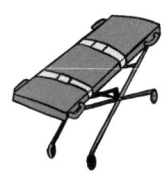

들것

57r37ch3r

체온계

cl1n1c4l 7h3rm0m373r

출생

b1r7h

과체중

0v3rw316h7

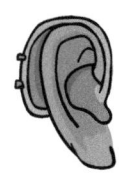

보청기

h34r1n6 41d

소독약

d151nf3c74n7

감염

1nf3c710n

바이러스

v1ru5

HIV / AIDS

h1v / 41d5

의학

m3d1c1n3

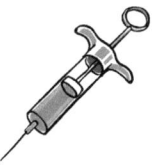

예방접종

v4cc1n4710n

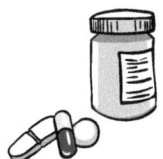

알약

74bl375

알약

p1ll

구급 전화

3m3r63ncy c4ll

혈압측정기

bl00d pr355ur3 m0n170r

병든 / 건강한

1ll / h34l7hy

도와주세요!

h3lp!

경보음

4l4rm

폭행

4554ul7

공격

4774ck

위험

d4n63r

비상구

3m3r63ncy 3x17

불이야!

f1r3!

소화기

f1r3 3x71n6u15h3r

사고

4cc1d3n7

구급 상자

f1r57-41d k17

SOS

505

경찰

p0l1c3

유럽

3ur0p3

북미

n0r7h 4m3r1c4

남미

50u7h 4m3r1c4

아프리카

4fr1c4

아시아

4514

호주

4u57r4l14

북극

47l4n71c

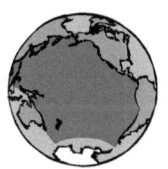

태평양

p4c1f1c

인도양

1nd14n 0c34n

남극해

4n74rc71c 0c34n

북극해

4rc71c 0c34n

북극해

n0r7h p0l3

남극해

50u7h p0l3

남극

4n74rc71c4

지구

34r7h

육지

l4nd

바다

534

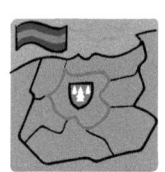

섬

15l4nd

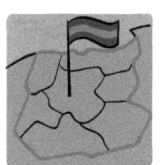

국가

n4710n

주

57473

시계 문자판
....
cl0ck f4c3

시침
....
h0ur h4nd

분침
....
m1nu73 h4nd

초침
....
53c0nd h4nd

몇 시입니까?
....
wh47 71m3 15 17?

일
....
d4y

시간
....
71m3

지금
....
n0w

디지털 시계
....
d16174l w47ch

분
....
m1nu73

시간
....
h0ur

월요일
m0nd4y

MO

수요일
w3dn35d4y

W

금요일
fr1d4y

FR

TU

TH

SA

토요일
547urd4y

SO

화요일
7u35d4y

목요일
7hur5d4y

일요일
5und4y

어제
y3573rd4y

오늘
70d4y

내일
70m0rr0w

아침
m0rn1n6

정오
n00n

저녁
3v3n1n6

근로일
w0rkd4y5

주말
w33k3nd

년도
y34r

비
r41n
무지개
r41nb0w
눈
5n0w
바람
w1nd
봄
5pr1n6
가을
f4ll
여름
5umm3r
겨울
w1n73r

4.APRIL 11°
5.APRIL 4°
6.APRIL 13°
7.APRIL 8°
8.APRIL 10°

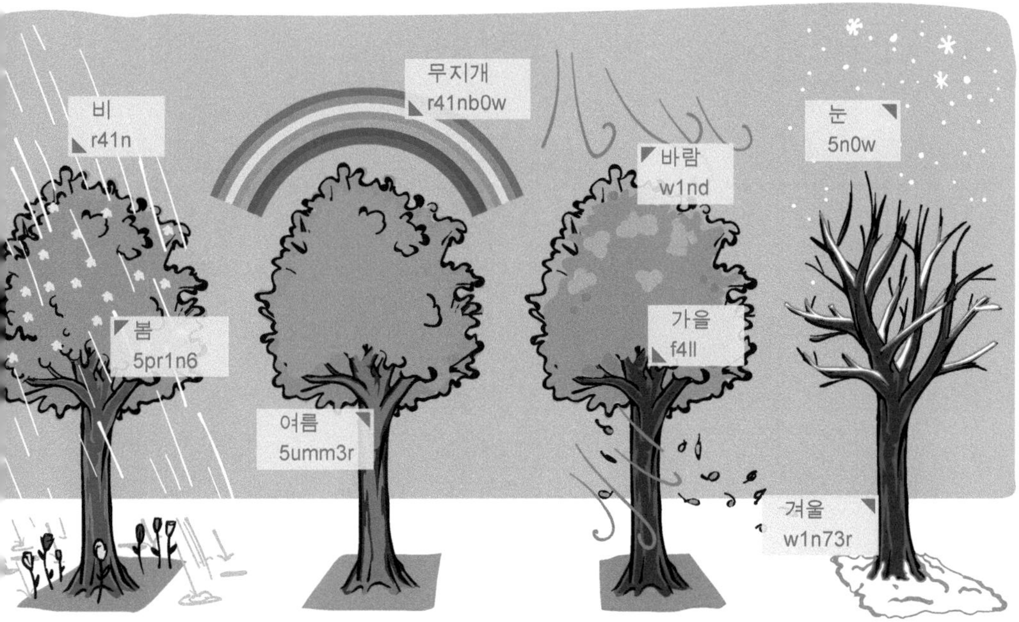

날씨 예보

w347h3r f0r3c457

F C
120 40
90 30
60 20
30 10
0 0
-30 -10
-20

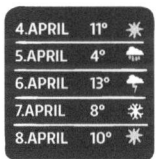

온도계

7h3rm0m373r

햇빛

5un5h1n3

구름

cl0ud

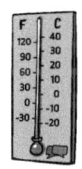

안개

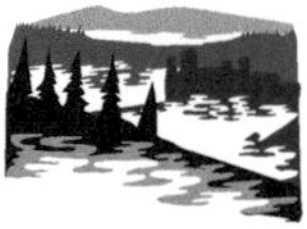

f06

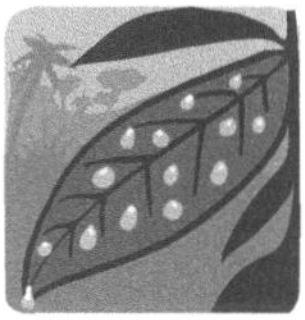

습도

hum1d17y

번개

l16h7n1n6

천둥

7hund3r

폭풍

570rm

우박

h41l

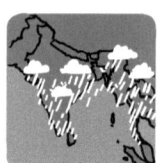

장마

m0n500n

홍수

fl00d

얼음

1c3

1월

j4nu4ry

2월

f3bru4ry

3월

m4rch

4월

4pr1l

5월

m4y

6월

jun3

7월

july

8월

4u6u57

년도 - y34r

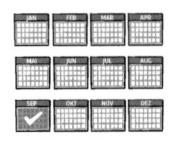

9월
....
53p73mb3r

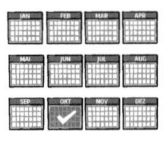

10월
....
0c70b3r

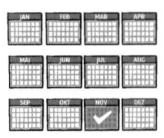

11월
....
n0v3mb3r

12월
....
d3c3mb3r

원
....
c1rcl3

정사각형
....
5qu4r3

직사각형
....
r3c74n6l3

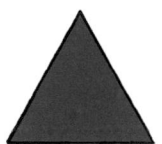

삼각형
....
7r14n6l3

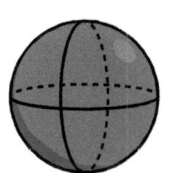

구
....
5ph3r3

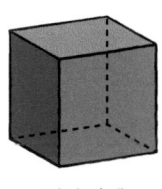

정사면체
....
cub3

하양
wh173

노랑
y3ll0w

주황
0r4n63

분홍
p1nk

빨강
r3d

보라
purpl3

파랑
blu3

초록
6r33n

갈색
br0wn

회색
6r4y

검정
bl4ck

많은 / 적은

4 l07 / 4 l177l3

화난 / 차분한

4n6ry / c4lm

아름다운 / 추한

b34u71ful / u6ly

시작 / 끝

b361nn1n6 / 3nd

큰 / 작은

b16 / 5m4ll

밝은 / 어두운

br16h7 / d4rk

형제 / 자매

br07h3r / 51573r

깨끗한 / 더러운

cl34n / d1r7y

완전한 / 불완전한

c0mpl373 / 1nc0mpl373

낮 / 밤

d4y / n16h7

죽은 / 산

d34d / 4l1v3

넓은 / 좁은

w1d3 / n4rr0w

삭용의 / 비식용의

3d1bl3 / 1n3d1bl3

불친절한 / 친절한

3v1l / k1nd

흥분된 / 지루한

3xc173d / b0r3d

뚱뚱한 / 마른

f47 / 7h1n

처음으로 / 마지막으로

f1r57 / l457

친구 / 적

fr13nd / 3n3my

꽉 찬 / 텅 빈

full / 3mp7y

딱딱한 / 부드러운

h4rd / 50f7

무거운 / 가벼운

h34vy / l16h7

배고픔 / 목마름

hun63r / 7h1r57

병든 / 건강한

1ll / h34l7hy

불법 / 합법

1ll364l / l364l

영리한 / 어리석은

1n73ll163n7 / 57up1d

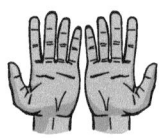

왼 / 오른

l3f7 / r16h7

가까운 / 먼

n34r / f4r

새 / 헌

n3w / u53d

무 / 유

n07h1n6 / 50m37h1n6

늙은 / 젊은

0ld / y0un6

온 / 오프

0n / 0ff

열린 / 닫힌

0p3n / cl053d

조용한 / 시끄러운

qu137 / l0ud

부유한 / 가난한

r1ch / p00r

옳은 / 틀린

r16h7 / wr0n6

거친 / 매끄러운

r0u6h / 5m007h

슬픈 / 기쁜

54d / h4ppy

짧은 / 긴

5h0r7 / l0n6

느린 / 빠른

5l0w / f457

젖은 / 마른

w37 / dry

따뜻한 / 시원한

w4rm / c00l

전쟁 / 평화

w4r / p34c3

0

영

z3r0

1

하나

0n3

2

둘

7w0

3

셋

7hr33

4

넷

f0ur

5

다섯

f1v3

6

여섯

51x

7

일곱

53v3n

8

여덟

316h7

9

아홉

n1n3

10

열

73n

11

열하나

3l3v3n

12
열둘
7w3lv3

13
열셋
7h1r733n

14
열넷
f0ur733n

15
열다섯
f1f733n

16
열여섯
51x733n

17
열일곱
53v3n733n

18
열여덟
316h733n

19
열아홉
n1n3733n

20
스물
7w3n7y

100
백
hundr3d

1.000
천
7h0u54nd

1.000.000
백만
m1ll10n

영어

3n6l15h

미국식 영어

4m3r1c4n 3n6l15h

중국어 만다린

ch1n353 m4nd4r1n

힌두어

h1nd1

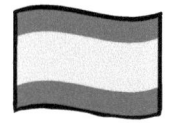

스페인어

5p4n15h

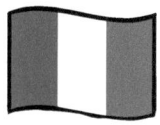

프랑스어

fr3nch

아랍어

4r4b1c

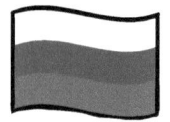

러시아어

ru5514n

포르투갈어

p0r7u6u353

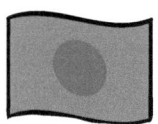

불가리아어

b3n64l1

독일어

63rm4n

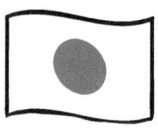

일본어

j4p4n353

나

1

너

y0u

그 / 그녀/ 그것

h3 / 5h3 / 17

우리

w3

너희들

y0u

그들

7h3y

누가?

wh0?

무엇이?

wh47?

어떻게?

h0w?

어디서?

wh3r3?

언제?

wh3n?

이름

n4m3

어디에
wh3r3

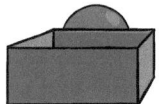

뒤에
b3h1nd

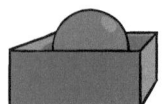

안에
1n

앞에
1n fr0n7 0f

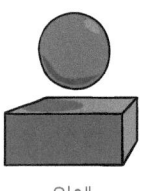

위에
0v3r

위에
0n

아래에
und3r

옆에
b351d3

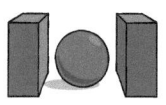

사이에
b37w33n

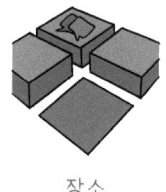

장소
pl4c3